❷ 우당탕탕, 인공위성을 부탁해!

글쓴이 앤마리 앤더슨
미국 뉴욕 브루클린에 살고 있는 동화 작가입니다. 「신기한 스쿨버스 어드벤처」 시리즈 등 전 세계 어린이를 위한 책을 쓰고 있습니다.

그린이 아트풀 두들러스
일러스트레이션 및 디자인 스튜디오입니다. 여러 아티스트가 모여 「과학탐험대 신기한 스쿨버스」 시리즈, 「신기한 스쿨버스 어드벤처」 시리즈 등 전 세계 어린이를 위한 그림을 그리고 있습니다.

옮긴이 이한음
서울대학교에서 생물학을 공부했고, 현재 과학책을 쓰고 번역하고 있습니다. 지은 책으로는 『바스커빌 가의 개와 추리 좀 하는 친구들』, 『생명의 마법사 유전자』 등이 있고, 옮긴 책으로는 「자연 다큐 백과」 시리즈, 『경이로운 동물들』, 『빠르게 보는 우주의 역사』 등이 있습니다.

신기한 스쿨버스 ❷ 우당탕탕, 인공위성을 부탁해!

1판 1쇄 찍음 — 2023년 8월 8일, 1판 1쇄 펴냄 — 2023년 8월 21일
글쓴이 앤마리 앤더슨 그린이 아트풀 두들러스 옮긴이 이한음 펴낸이 박상희 편집장 전지선 편집 송재형 디자인 정다울
펴낸곳 (주)비룡소 출판등록 1994. 3. 17.(제16-849호) 주소 06027 서울시 강남구 도산대로1길 62 강남출판문화센터 4층
전화 02)515-2000 팩스 02)515-2007 홈페이지 www.bir.co.kr
제품명 어린이용 각양장 도서 제조자명 (주)비룡소 제조국명 대한민국 사용연령 3세 이상

THE MAGIC SCHOOL BUS RIDES AGAIN: SATELLITE SPACE MISSION
Copyright © 2018 Scholastic Inc. Based on the television series THE MAGIC SCHOOL BUS: RIDES AGAIN © 2018 MSB Productions, Inc. Based on The Magic School Bus book series © Joanna Cole and Bruce Degen.
SCHOLASTIC ™, THE MAGIC SCHOOL BUS ™ and associated logos are trademarks and/or registered trademarks of Scholastic Inc. All rights reserved.
Korean Translation Copyright © 2023 by BIR Publishing Co., Ltd.
This Korean translation edition is published by arrangement with Scholastic Inc., 557 Broadway, New York, NY 10012, USA through KCC(Korea Copyright Center Inc.), Seoul.

이 책의 한국어판 저작권은 ㈜한국저작권센터(KCC)를 통해 저작권사와 독점 계약한 (주)비룡소에 있습니다.
저작권법에 의해 한국 내에서 보호를 받는 저작물이므로 무단 전재와 무단 복제를 금합니다.

ISBN 978-89-491-5462-6 74840/ ISBN 978-89-491-5460-2(세트)

신기한 스쿨버스 어드벤처

❷ 우당탕탕, 인공위성을 부탁해!

앤마리 앤더슨 글 · 아트풀 두들러스 그림 | 이한음 옮김

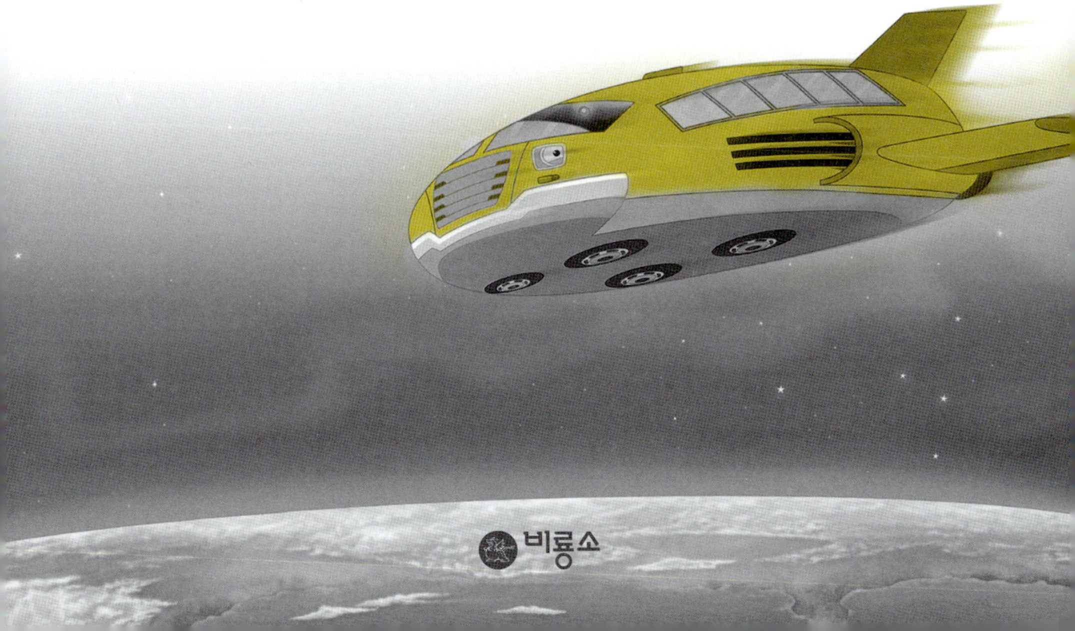

비룡소

프리즐 선생님 반 친구들

조티

아널드

랠프

완다

키샤

도로시 앤

카를로스

팀

리즈

차 례

1장 축구 대회에서의 실수 … 7
2장 다 함께 우주로 출발! … 15
3장 거대한 것이 온다! … 29
4장 쏟아지는 우주 쓰레기 … 37
5장 익숙해질 때까지 천천히 … 47
6장 초스피드 버튼의 무지막지한 힘 … 59
7장 프리즐 인공위성 교체 대작전 … 68
8장 인공위성의 궤도를 찾아라! … 77
9장 우정이 만든 두 번의 기적 … 86

신기한 과학 개념 사전 … 98
호기심 해결! 질문 톡톡 … 100

1장
축구 대회에서의 실수

프리즐 선생님 반은 워커빌 초등학교 대표로 축구 대회에 참가해 경기를 하고 있었어요. 한 골만 넣으면 이길 수 있었지요.

키샤가 골대를 지키고, 조티는 그 앞에서 수비를 하고 있었어요. 바로 그때 상대 팀이 찬 축구공이 그물을 향해 날아갔어요.

"키샤, 어서 막아!"

조티가 다급히 소리쳤어요. 하지만 키샤는 경기에 집중하지 않고 있었어요. 손에 쥔 종이를 보고 있었지요. 조티가 재빨리 공중으로 날아올라 멋지게 돌려 차기를 해서 공을 골대 바깥으로 보냈어요. 관중들은 와! 하고 환호성을 올렸어요.

"멋진 수비였습니다!"

경기 중계를 맡은 완다가 마이크에 대고 외쳤어요.

"그런데 워커빌 팀의 골키퍼는 지금 딴 데 정신이 팔려 있네요. 서류 작업이라도 하고 있는 건가요?"

키샤가 멋쩍은 듯이 말했어요.

"고마워, 조티. 공이 오는지 못 봤어."

"괜찮아!"

그 사이 카를로스가 잽싸게 공을 잡았어요. 카를로스는 공을 죽 몰고 가서 도로시 앤에게 넘겼어요.

도로시 앤은 랠프에게 공을 패스했고, 랠프는 골대를 향해 힘차게 공을 날렸어요. 슈우우웃, 골인!

휘익! 심판이 호루라기를 불면서 경기가 끝났어요.
"워커빌 팀의 승리입니다!"
완다가 마이크를 잡고 신나게 소리쳤어요.
"멋진 팀워크였습니다. 워커빌 팀은 프리즐 컵 준결승전에 나가게 되었군요. 앞으로 열릴 경기들은 생방송으로 전 세계에 중계될 예정이니 지켜봐 주세요!"
아이들은 모두 경기장 한가운데로 달려 나가 기쁨을 만끽했어요. 마지막 골을 함께 멋지게 만들어 낸 랠프

와 도로시 앤은 손바닥을 짝 마주쳤지요.

"미안해, 애들아. 경기에 집중해야 했는데 지원서에 정신이 팔리는 바람에 그만……."

"**우주 비행사** 캠프 때문인 거지?"

머리를 긁적이며 사과하는 키샤에게 아이들이 한목소리로 외쳤어요.

"앗, 내가 벌써 얘기했어?"

키샤가 물었어요.

"흠, 한두 번 정도?"

팀이 말을 꺼내자, 카를로스가 끼어들었어요.

"1분에 한두 번이겠지."

그러자 이번엔 랠프가 말을 거들었어요.

"지난주 내내 1분에 한두 번씩 말했잖아!"

"음, 내가 그랬구나."

키샤는 어깨를 으쓱했어요.

"우주 비행사 캠프는 내 꿈으로 나아가는 티켓이야. 난 커서 꼭 우주 탐사 분야에서 일하고 싶거든!"

"하지만 다른 데 정신이 팔린 골키퍼는 우리 팀의 패배로 나아가는 티켓이라고."

랠프가 투덜거렸어요. 다음 경기에서 이겨야 결승전에 나갈 수 있었거든요.

"걱정 마. 내일은 키샤가 경기에 집중할 수 있을 거야. 내가 보장할게."

조티가 말하자 도로시 앤이 물었어요.

"무슨 좋은 수라도 있어?"

"키샤가 우주 비행사 캠프 지원서를 빨리 쓸 수 있도록 내가 도와줄 거야!"

조티가 그쯤은 문제없다는 듯이 자신 있게 말했어요. 조티는 첨단 기술을 잘 알고 있는 데다가, 키샤가 캠프에 뽑히도록 도울 아이디어도 가지고 있었지요.

"고마워, 조티. 하지만 쉽지는 않을 거야. 뭔가 특별한 게 필요하거든. 내가 우주에 가서 잘할 수 있다는 걸 제대로 보여 줘야 해."

키샤의 말을 듣고 조티가 물었어요.

"우주를 배경으로 네 사진을 찍어 보내는 건 어때?"

"엥? 어떻게 찍을 건데?"

완다가 묻자 조티가 씩 웃었어요.

"흠, 그건 곧 알게 될 거야."

2장
다 함께 우주로 출발!

 과학 수업이 시작되기 전 쉬는 시간이었어요. 조티는 태블릿을 꺼내 사진 애플리케이션을 열었어요.
 "이걸 이용해서 우주에 있는 것처럼 보이도록 사진을 찍고 합성할 수 있어. 배경으로 넣고 싶은 **행성**이나 별 있어?"
 조티가 애플리케이션의 배경 목록을 죽 보여 주면서 키샤에게 물었어요.

"글쎄, 잘 모르겠는데……."

키샤가 뭔가 더 말하려던 그때, 피오나 프리즐 선생님이 교실로 들어왔어요. 교수님이 되어 연구 여행을 떠난 언니를 대신해 올해부터 아이들의 새로운 담임 선생님이 되었지요.

새 프리즐 선생님은 **우주복**을 입고 무릎으로 축구공을 통통 차고 있었어요.

프리즐 선생님이 우주복의 헬멧을 벗었어요. 막 우주에서 돌아온 참이었지요.

"무중력 상태에서 하는 축구는 정말 짜릿해요. 조금 전에 내가 찬 공이 **토성**의 고리를 뚫고 나갔답니다!"

프리즐 선생님이 신이 난 목소리로 말했어요.

그때 완다가 벌컥 문을 열며 걱정스러운 표정으로 교실에 들어왔어요.

"프리즐 선생님, 큰일 났어요!"

사람이든 동물이든 누군가 도움이 필요하다면, 완다

는 가장 먼저 도우러 나설 아이였지요.

"완다, 무슨 일이니? 그나저나 축구공으로 토성 고리를 뚫었다는 농담은 정말 웃기지 않아?"

"지금 농담할 때가 아니에요. 프리즐 텔레비전 방송망이 완전히 먹통이 되었다고요!"

완다가 소리쳤어요.

"프리즐 텔레비전 방송망이 고장 났다고?"

프리즐 선생님이 묻자 완다가 고개를 끄덕였어요.

"그러니까, 오늘 오후에 열릴 프리즐 컵 경기가 전 세계에 생방송으로 중계될 수 없다는 거예요!"

"흠, 아무래도 프리즐 인공위성에 문제가 생긴 것 같구나."

프리즐 선생님의 말을 듣더니 랠프가 물었어요.

"인공위성요? 그게 뭔데요?"

"**인공위성**은 지구에서 우주로 쏘아 올린 물체야. 지구의 **궤도**를 돌며 방송, 통신, 날씨, 과학 등의 정보를 지구로 보내지. 문제가 생긴 건, 우리 축구 경기를 전송하는 데 쓰이는 인공위성이야!"

척척박사 도로시 앤이 나섰어요.

"도로시 앤이 아주 잘 알고 있군요. 프리즐 인공위성들은 지구 궤도 전역에 퍼져서 프리즐 네트워크를 이루고 있어요. 아무래도 위로 올라가서 무슨 일이 벌어지고 있는지 알아봐야겠어요!"

프리즐 선생님 말에 키샤의 눈이 놀란 토끼처럼 커졌어요.

"올라간다고요? 설마 우주로 간다는 거예요?"

"그래요!"

키샤는 흥분해서 주먹을 불끈 쥐었어요.

"꺄아아아! 애들아 뭐해? 얼른 버스 타러 가자!"

"내가 하려던 말을 키샤가 대신 해 주네요. 여러분, 버스로 가요!"

프리즐 선생님이 고개를 끄덕이며 외쳤어요.

 새 프리즐 선생님도 평범한 선생님이 아니었어요. 언니처럼 신기한 스쿨버스를 몰고서, 믿기지 않을 만큼 놀라운 과학 현장 학습으로 아이들을 데려갔지요.
 이번에는 우주로 나갈 거예요! 아이들은 우르르 교실을 나와 신기한 스쿨버스로 향했어요.
 "조티, 정말 완벽한 기회 아니니? 애플리케이션으로 배경을 합성하는 대신 진짜 우주에서 사진을 찍을 수 있어!"

키샤가 잔뜩 들뜬 목소리로 말했지만, 조티는 얼굴을 찌푸렸어요.

"키샤, 우린 축구 경기가 중계될 수 있도록 인공위성을 점검하러 가는 거잖아."

"맞아, 그래도 우주에 간 김에 사진을 찍을 수도 있을 거야!"

"여러분, 모두 우주복을 입어요. 곧 이륙할 거예요!"
프리즐 선생님이 외쳤어요.

"우주복까지 입어야 한다고? 으으, 오늘은 그냥 집에 있어야 했어!"

아널드는 인상을 쓰면서 안전띠를 최대한 꽉 맸어요. 아널드는 신기한 스쿨버스를 타고 우주로 날아가는 것보다 교실에서 공부하는 쪽을 더 좋아했지요.

"걱정 마, 아널드. 내 계산에 따르면 우리는 완벽하게 안전할 테니까."

도로시 앤이 아널드를 안심시켰어요.

부르르! 바로 그때 신기한 스쿨버스가 신기한 스쿨로켓으로 변신했어요.

"여러분, 꽉 잡아요. 날아오를 거예요!"

"야호! 현장 학습이다!"

아이들이 소리쳤어요.

"셋…… 둘…… 하나…… 이륙!"

프리즐 선생님이 외치는 순간, 신기한 스쿨 로켓이 엄청난 연기를 내뿜으며 날아올랐어요. 피융!

"이건 진짜 놀라운 일이야. 근데 우리 지금 어디로 가는 걸까?"

카를로스가 창밖을 내다보며 말했어요.

"곧장 위로 가는 거지!"

완다가 킥킥 웃으며 대답했지요.

"인공위성까지는 그리 오래 안 걸릴 거야."

신기한 스쿨 로켓이 속도를 내면서 구름을 뚫고 올라가 둥근 활 모양을 그리며 나아가자, 키샤가 자세를 바로잡으며 말했어요.

"우아, 넌 어떻게 그렇게 잘 알아?"

카를로스의 물음에 키샤가 씩 웃으며 말했어요.

"우주 비행사 캠프에 뽑히려면 이 정도는 기본으로 알아야 하거든."

파란 하늘이, 수많은 별들이 반짝이는 컴컴한 우주로 바뀌는 동안, 아이들은 유리창에 얼굴을 바짝 대고 서 밖을 내다보았어요.

"맙소사……. 별이 셀 수도 없이 많아!"

아름다운 우주의 모습에 도로시 앤이 감탄했어요.

"너무 멋지다!"

랠프도 말했지요.

"프리즐 선생님, 이제 궤도에 올라온 건가요?"

키샤가 묻자, 프리즐 선생님이 답했어요.

"그래, 그런 것 같구나."

그때 갑자기 프리즐 선생님이 신기한 스쿨 로켓의 운전대를 당겨 엔진 장치를 껐어요. 요란한 소리를 내던 엔진이 멈추자 로켓은 무서울 정도로 조용해졌지요.

새파랗게 질린 아널드가 소리쳤어요.

"프리즐 선생님, 엔진을 다시 켜요! 무슨 문제라도 생겼어요? 왜 끄셨어요?"

3장
거대한 것이 온다!

 안전띠를 풀자 아이들은 의자 위로 둥둥 떠오르기 시작했어요. 랠프의 빨간 모자도 벗겨져서 공중에서 빙빙 돌았어요.
 "무, 무슨 일이 벌어지고 있는 거죠?"
 아널드는 겁이 난 듯했어요. 반면 키샤는 흥분을 감추지 못했지요.
 "우리가 지금 우주에 와 있는 거지!"

"맞아요. 우린 지금 지구로부터 약 250킬로미터 떨어져 있는 **저궤도**를 돌고 있어요!"

프리즐 선생님 말에 아널드가 투덜거렸어요.

"그게 무슨 말씀이세요?"

"지금 신기한 스쿨 로켓은 지구로부터 알맞게 떨어진 높이에서, 알맞은 속도로 움직이고 있어서 엔진을 쓸 필요가 없단 뜻이야."

랠프가 의자 위를 둥둥 떠다니며 설명했어요.

"스쿨 로켓의 속도가 느려지면, 로켓이 지구 중력에 이끌려 아래로 떨어지게 될 거야. 하지만 여기에는 대기가 거의 없어서 속도가 줄어들지 않아."

"그래? 그래도 난 안전한 게 제일 좋아."

아널드는 자리로 돌아가서 안전띠를 꽉 맸어요.

그러자 조티가 어리둥절한 표정으로 물었어요.

"아널드, 너 뭐 하는 거야?"

"엔진이 꺼졌잖아! 그럼 우린 언제든 지구로 추락할 수 있다고!"

아널드가 벌컥 소리치자 프리즐 선생님이 나섰어요.

"그럴 일은 없단다, 아널드. 궤도를 돌고 있다는 것은 스쿨 로켓과 지구가 완벽하게 힘의 균형을 이루고 있다는 뜻이야. 지금 우리는 지구가 로켓을 끌어당기는 **중력**에 맞설 수 있는 속도로 지구 둘레를 돌고 있어. 너무 느린 속도로 돌면 지구로 떨어지고 말거든."

"반대로 너무 빠른 속도로 돌면 지구를 벗어나 우주 멀리 튕겨져 나갈 거야!"

키샤가 신기한 스쿨 로켓이 띄운 궤도 설명 영상을 가리키며 말했어요. 키샤는 우주 비행사 캠프를 위해 공부를 많이 했지요.

"설명하고 싶은 거 다 해. 그래도 나는 집에 갈 때까지 안전띠를 풀지 않을 거야."

아널드는 고집을 굽히지 않았어요.

"얘들아, 저기 좀 봐!"

그때 조티가 창밖에 떠다니는 커다란 장치를 가리키면서 소리쳤어요.

"방금 지나간 거 인공위성 맞지?"

"잘 봤구나, 조티. 자, 여러분 안전띠를 매요. 더 높은 궤도로 올라갈 시간이에요!"

프리즐 선생님이 말하자 아이들은 다시 안전띠를 맸어요. 프리즐 선생님은 신기한 스쿨 로켓의 속도를 높이기 위해 부스터를 작동시켰어요.

그때 갑자기 키샤가 소리쳤어요.

"잠깐! 프리즐 선생님, 잠깐만요!"

선생님이 브레이크를 밟자 스쿨 로켓이 멈췄어요.

"왜 그래?"

완다가 묻자 키샤는 서둘러 말했어요.

"잠깐만 기다려 줘. 조티, 내 카메라 좀! 빨리!"

아널드는 그대로 있었지만, 다른 아이들은 무슨 일인가 해서 안전띠를 풀고 키샤 쪽으로 둥둥 떠갔어요.

조티가 카메라를 들었지요.

키샤는 창밖 너머로 보이는 지구를 가리켰어요.

"저 아래 좀 봐. 우주 비행사 캠프가 바로 저기서 열려! 지원서에 붙일 사진을 찍을 곳으로 여기가 딱이지 않니?"

깍깍 소리치던 키샤는 카메라를 향해 위풍당당하게 자세를 취했어요.

"멋진 사진 부탁해! 우주 비행사 치이이즈ㅇㅇ!"

"뭐야, 이거 때문에 로켓을 세운 거야?"

팀이 한숨을 쉬며 물었어요. 하지만 키샤가 채 대답을 하기도 전에, 뭔가가 버스에 쾅 하고 부딪혔어요.

"으아아아아악!"

아이들은 골대에 맞은 축구공처럼 튕겨져 나가, 신기한 스쿨 로켓의 벽 여기저기에 부딪혔어요.

"바, 방금 뭐였어?"

아널드가 침을 꼴깍 삼키며 물었어요.

4장
쏟아지는 우주 쓰레기

"우주 쓰레기다! 우주 쓰레기와 충돌하면 어떻게 될지 늘 궁금했는데!"

프리즐 선생님의 말에 아널드가 소리쳤어요.

"엄청 안 좋다는 건 알겠어요!"

삐! 삐!

신기한 스쿨 로켓에 경고음이 계속 울리자, 프리즐 선생님은 계기판의 버튼을 몇 개 눌렀어요.

"무슨 일이에요?"

카를로스가 프리즐 선생님에게 물으며 운전석이 있는 버스 앞쪽으로 떠갔어요. 프리즐 선생님이 신기한 스쿨 로켓의 컴퓨터 화면을 훑어보는 동안 아이들은 선생님 주위로 모여들었어요.

"여러분, 우주 쓰레기 때문에 신기한 스쿨 로켓의 엔진 동력 장치가 망가진 것 같아요."

프리즐 선생님은 아이들에게 상황을 설명하며 창밖을 흘깃 내다보다가, 또 다른 우주 쓰레기가 다가오고 있는 것을 보았어요.

"여러분, 꽉 잡아요. 스쿨 로켓이 회전할 거예요!"

신기한 스쿨 로켓에 또 한 번 커다란 충격이 가해졌어요. 로켓은 뱅글뱅글 돌기 시작했지요.

"으아아아아!"

아이들은 신기한 스쿨 로켓 안에서 이리저리 날아다니면서 비명을 질렀어요.

"얘들아, 정말 미안해!"

키샤가 소리치자 랠프와 완다가 대꾸했어요.

"무슨 소리야, 이렇게 신나는데!"

"맞아, 우리 지금 날고 있어!"

잠시 후, 로켓이 움직이는 속도가 점차 느려졌어요.

"자, 그건 그렇고 대체 우주 쓰레기가 뭐야?"

랠프가 묻자 도로시 앤이 태블릿으로 검색했어요.

"내 조사에 따르면, **우주 쓰레기**란 낡은 인공위성과 로켓에서 나온 파편들이 우주에서 쓰레기가 된 거야. 지금도 많은 우주 쓰레기가 지구 주위를 돌고 있대."

콰앙! 또 다른 우주 쓰레기가 신기한 스쿨 로켓으로 날아들었어요. 스쿨 로켓이 빙글빙글 돌며 다른 방향으로 튕겨 날아갔어요.

"으아아악!"

아이들은 다시 이리저리 나뒹굴며 비명을 질렀어요.

"도로시 앤 좀 봐! 이 와중에도 검색을 하고 있어. 쟤야말로 조사 대상이야!"

랠프가 외쳤어요.

그때 완다가 뭔가를 보고 소리쳤어요.

"얘들아, 창밖을 봐!"

"세상에, 진짜 인공위성이야!"

키샤가 환호했지요.

"우주 쓰레기도 많이 보여."

카를로스가 신기한 스쿨 로켓 옆을 스쳐 가는 물체들을 가리키며 말했어요.

"여러분, 넋을 놓고 볼 만큼 멋진 광경이지요?"

프리즐 선생님이 아이들 쪽으로 떠오면서 말했어요.

"이제 엔진 동력은 필요 없겠네요. 우주 쓰레기에 부

딪히는 바람에 더 높은 궤도로 들어왔으니까요."

프리즐 선생님이 들뜬 목소리로 계속 말했어요.

"여러분, 프리즐 **방송 통신 위성**을 찾아볼까요? 라디오, 텔레비전, 전화 등의 통신 신호를 지구로 보내는 인공위성이랍니다. 물론 축구 경기도 전송하지요!"

"혹시 저런 거요?"

도로시 앤이 저 멀리, 신기한 스쿨버스가 그려진 인공위성을 가리키며 물었어요.

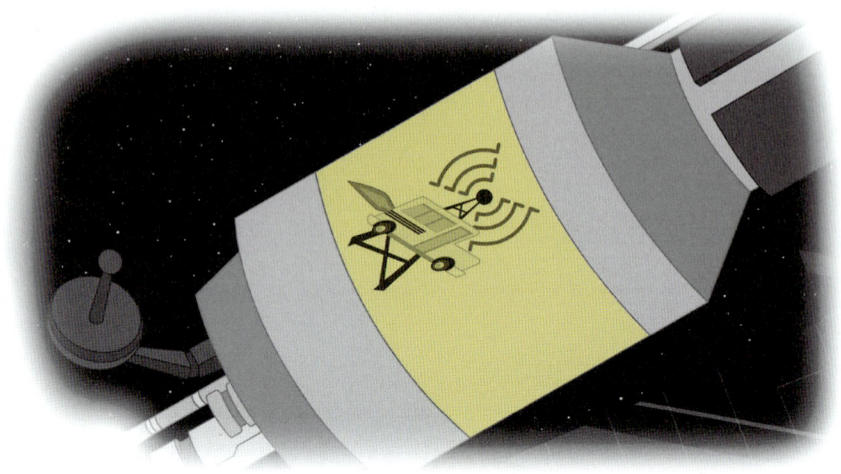

"맞아요. 바로 저거예요!"

신기한 스쿨 로켓이 선생님이 말한 그 인공위성에 더 가까워졌어요.

"정말 멋지죠?"

프리즐 선생님은 인공위성이 어떻게 작동하는지 보여 주는 동영상 화면을 띄웠어요.

"화면에 나오는 것처럼, 지구에 있는 기지국이 정보 신호를 인공위성으로 쏘아 보내면, 인공위성은 거울처럼 그 신호를 멀찍이 떨어져 있는 지구의 다른 기지국으로 반사해요."

"축구공을 패스하는 것처럼요!"

랠프의 말을 듣고 도로시 앤이 화면을 가리켰어요.

"여길 봐, 신호는 직선으로 나아가. 둥그런 지구 표면을 지나 멀리 떨어진 곳으로 신호를 보내려면, 다른 인공위성을 거쳐야 하는 거야!"

"그런 식으로 우리 축구 경기 생방송을 지구 반대편 나라로 보내는 거야? 이야, 멋진데!"

팀이 말했지요.

"바로 그거야, 팀!"

프리즐 선생님이 고개를 끄덕였어요.

"인공위성을 고치려면 우리가 직접 일인용 **우주선**을 타고 가야 해요. 참, '우리'가 아니라 '여러분'이군요. 그럼 여러분, 잘 다녀와요!"

"일인용 우주선요?"

"와, 굉장해!"

프리즐 선생님 말에 아이들은 들떠서 소리쳤어요.

하지만 아널드는 고개를 세차게 흔들며 투덜댔지요.

"으으, 난 안 갈래. 우주선 알레르기가 있다고."

5장
익숙해질 때까지 천천히

프리즐 선생님은 신기한 스쿨 로켓의 뒤쪽으로 떠가더니, 비밀 문 앞에서 번호를 탁탁 입력했어요. 그러자 스르륵 비밀 문이 열리면서 샛노란 우주선들이 모습을 드러냈어요.

"우아, 이거 진짜 멋진데!"

아이들이 환호성을 질렀어요.

"조작 버튼이 많아서 잘 조종하려면 우주선에 익숙

해져야 해요. 그러니까 처음에는 천천히 몰도록 해요. 참, 한 가지 명심해야 할 게 있어요. 뭐냐면……."

프리즐 선생님은 아이들에게 일인용 우주선을 조종하는 법을 알려 주었어요. 그런데 키샤는 귀담아 듣지 않고 계속 창밖만 내다보고 있었어요.

"저기에서 사진 찍으면 딱 좋겠어."

키샤는 캠프 지원서에 붙일 사진을 상상하며 중얼거

렸어요. 그러는 사이에 프리즐 선생님은 주의해야 할 점을 설명했지요.

"이 번쩍이는 버튼이 보이나요?"

프리즐 선생님은 우주선의 특수 버튼을 가리켰어요.

"중요하니까 잘 들어요. 이 버튼은……."

하지만 키샤는 계속 상상에 빠져 있었어요.

'우주 비행사 캠프 생활은 어떨까? 유명 우주 비행사 캐시 카이퍼를 만나게 될지도 몰라! 꺄아악!'

"…… 그러니까 이 버튼은 무슨 일이 있어도 누르면 안 돼요. 알겠죠?"

"네!"

아이들은 한목소리로 대답했어요. 키샤만 빼고요. 키샤는 프리즐 선생님이 설명한 내용을 한마디도 듣지 않았거든요.

아널드가 쭈뼛거리며 일인용 우주선에 올라타자, 다른 아이들도 각자 우주선에 탑승했어요.

우주선 좌석에 앉은 아이들은 신기한 스쿨 헤드셋을 꼈어요. 스쿨 로켓에 있는 프리즐 선생님뿐만 아니라 다른 아이들과도 서로 통신할 수 있는 장치였지요.

준비를 마친 아이들은 각자의 우주선을 몰고 우주 공간으로 나갔어요.

"일단 인공위성 시스템 전체를 확인해 보자."

조티가 고장 난 인공위성 가까이로 우주선을 이동시키며 말했어요.

"겉보기에 부서지거나 깨진 부분은 없는 것 같아."

인공위성의 반대쪽에서 완다가 말했어요.

"불빛도 모두 정상적으로 깜빡이고 있어."

팀도 인공위성의 상태를 꼼꼼하게 확인했지요.

바로 그때, 조티는 키샤의 우주선이 홀로 멀리 떨어져 있다는 사실을 알아차렸어요.

"키샤! 여기 와서 도와야지, 뭐 하고 있어?"

"잠깐만! 우주 비행사 캠프 지원서에 붙일 더 멋진 사진을 찍으려고. 여기야말로 완벽하잖아!"

키샤는 우주선을 앞으로 더 움직이기 위해 운전대를 당기며 가스 분사 버튼을 눌렀어요. 그런데 우주선이 앞으로 나가는 대신 획 거꾸로 뒤집혔지요.

"엄마야!"

키샤는 외마디 비명을 질렀어요.

키샤는 금세 우주선을 원래 방향으로 돌려놓았어요.

"키샤, 프리즐 선생님 말씀처럼 조작 버튼에 익숙해질 때까지는 천천히 움직여!"

조티가 주의를 주었지만, 키샤는 괜찮다고 어깨를 으쓱했어요.

"걱정하지 마. 난 이미 우주 비행사나 다름없어. 잊었어?"

키샤가 자신만만한 표정으로 말했지요.

"알았어. 하지만 명심해. 거기 번쩍이는 버튼은……."
"정지 버튼이잖아. 알고 있다니까!"
아널드가 설명하려고 했지만 키샤가 말을 끊었어요.

"찾았다! 오오, 저기가 좋겠어. 얼른 다녀올게!"
키샤는 우주 비행사 캠프 지원서에 붙일, 가장 멋진 사진을 찍을 곳을 향해 우주선의 속도를 확 높였어요.
"얘들아, 방금 키샤가 번쩍이는 버튼을 정지 버튼이

라고 한 거야?"

조티가 화들짝 놀라며 물었어요.

"맞아, 분명히 그랬어. 하지만 그건 최대 속력을 내는 초스피드 버튼이잖아!"

팀은 다급한 목소리로 대답하고, 곧바로 키샤의 뒤를 따라갔어요. 키샤는 태블릿으로 사진을 찍을 자세를 취하고 있었어요.

"키샤, 내 얘기 잘 들어!"

팀이 신기한 스쿨 헤드셋을 통해 말하려고 했지만, 키샤는 듣지 않고 말을 끊었어요.

"팀, 비켜 줄래? 사진에 네 그림자가 들어가잖아."

키샤는 우주선을 움직여서 팀에게서 떨어졌어요.

"키샤, 우리는 그냥 확인하려고……."

카를로스가 입을 열자마자 키샤가 또 말을 끊었어요.

"으, 너희가 비켜 줘야 사진을 빨리 찍을 거 아냐!"

키샤는 친구들과 멀리 떨어져 완벽한 사진을 찍으려고 우주선의 버튼을 급하게 이것저것 눌러 댔어요.

그러자 갑자기 키샤의 우주선이 빠른 속도로 빙빙 돌기 시작했어요.

"으아아아악!"

키샤가 비명을 내질렀어요.

"이거 어떻게 멈추지?"

"번쩍이는 버튼은 절대 누르면 안 돼, 키샤!"

조티가 다급하게 말했어요.

"그건 최대 속력을 내는 초스피드 버튼이야!"

아이들이 모두 입을 모아 외쳤지요.

하지만 키샤는 당황한 나머지 그만 번쩍이는 버튼을 누르고 말았어요.

6장
초스피드 버튼의 무지막지한 힘

키샤의 우주선이 점점 더 빠른 속도로 질주하더니 우주 저쪽으로 휙 날아갔어요.

"축하합니다!"

그때 우주선 안에서 로봇 목소리가 흘러나왔어요.

"우주선이 최고 속도에 도달했습니다. 지금 막 지구 저궤도에서 **국제 우주 정거장**을 지났습니다. 이제 프리즐 **기상 위성**을 향해 가고 있습니다."

"무, 무슨 소릴 하는 거야! 안 돼!"

키샤가 비명을 지르는 사이에 우주선은 점점 더 빨라졌어요.

"이러다 부딪히겠어!"

키샤의 비명에도 로봇 목소리는 계속 흘러나왔어요.

"충격 흡수용 안전 베개를 준비하세요."

"안전 베개가 뭔데?"
키샤가 외쳤어요.
잠시 뒤 로봇 팔이 베개를 꺼내어 키샤의 얼굴에 탁 갖다 댔어요.
"읍! 푸헥!"

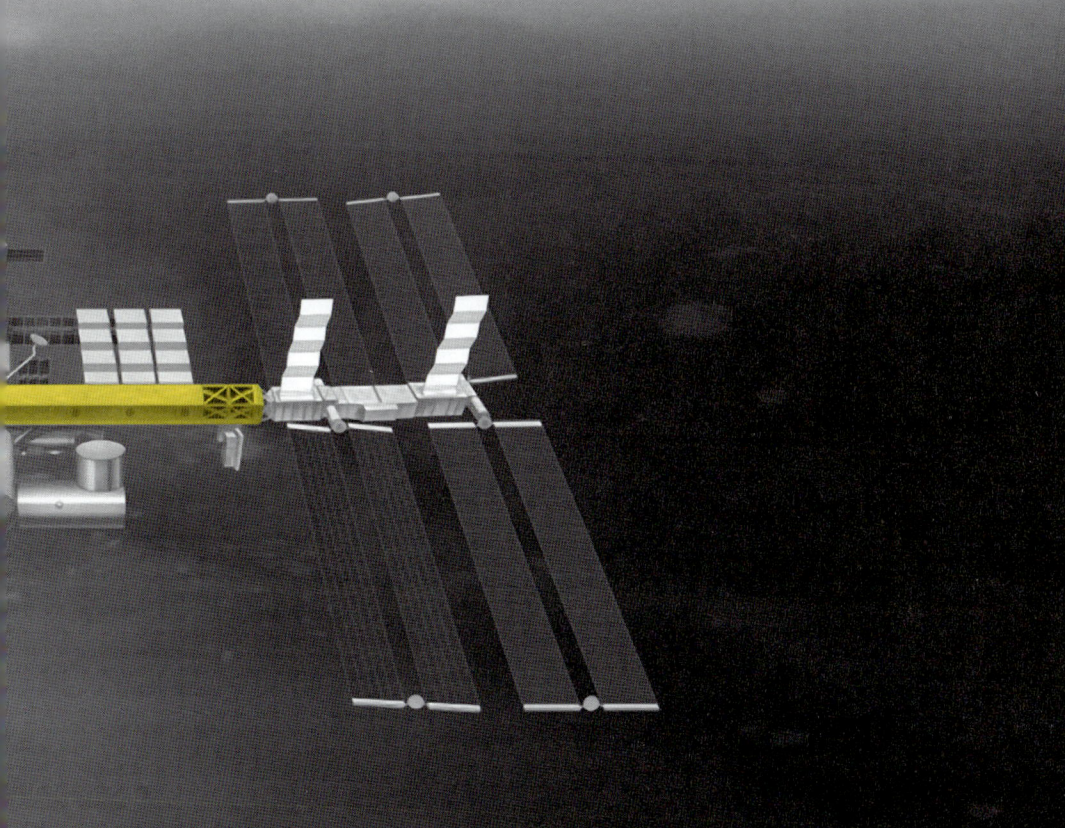

곧이어 키샤의 우주선이 프리즐 인공위성에 충돌했어요. 키샤의 우주선은 빙빙 돌며 가까운 인공위성에 부딪혀 튕겨 나왔다가, 다시 다른 인공위성에 부딪히기를 되풀이했어요. 쾅! 텅! 쿵!

"지구에서 약 2천 킬로미터 떨어진 **중궤도**에 도달했습니다. 프리즐 지피에스 위성을 향해 가고 있습니다."
로봇 목소리가 또 나왔어요.

쾅! 콰와아앙!

키샤는 비명을 질렀어요.

"으아아아아악! 제발 누구든 날 좀 도와줘! 이러다가 모든 인공위성들과 충돌하고 말겠어!"

키샤의 우주선은 계속 인공위성들과 충돌하면서 저궤도와 중궤도를 오락가락했어요. 그사이 다른 아이들은 도움을 청하려 신기한 스쿨 로켓으로 우주선을 몰았어요.

"조금만 기다려, 키샤!"

프리즐 선생님이 신기한 스쿨 로켓의 계기판 버튼을 누르자, 스쿨 로켓에서 로봇 팔이 쭈욱 뻗어 나오더니 키샤의 우주선을 탁 잡았어요. 그리고 키샤의 우주선을 스쿨 로켓 안으로 휙 집어넣었지요.

"그러니까…… 번쩍이는 버튼이 비상 정지 버튼이 아니었단 거예요?"

키샤가 고개를 푹 숙인 채 물었어요.

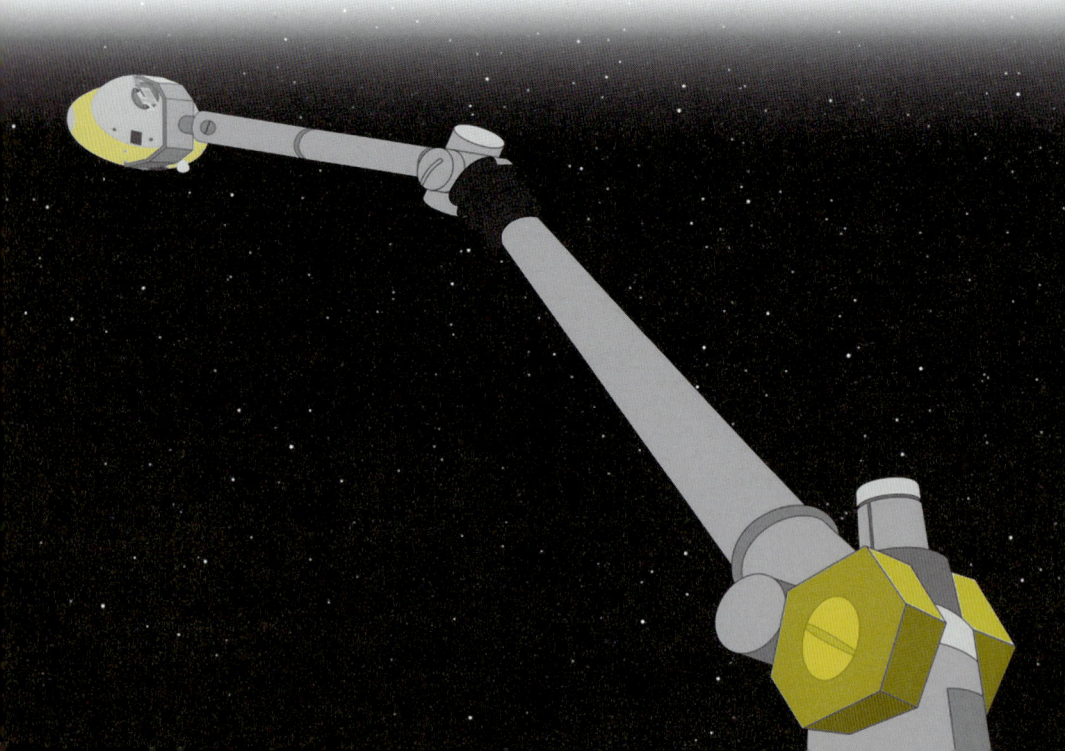

"그래, 네가 누른 건 초스피드 버튼이었단다."

프리즐 선생님이 키샤를 보며 말했어요.

"그래도 우주에서 질주한 초등학생이 세상에 몇 명이나 되겠니? 네 우주 비행사 캠프 지원서에 적기 딱 좋은 내용이야!"

"키샤, 괜찮아?"

조티가 묻자 키샤가 답했어요.

"난 괜찮지만 인공위성들은 안 괜찮을 것 같아."

"사실 프리즐 인공위성들이 모두 파괴되었어요."

프리즐 선생님 말에 아이들은 화들짝 놀랐어요.

"모두 다요?"

팀이 물었어요.

"그래요. 게다가 모든 프리즐 인공위성이 궤도를 벗어난 것 같군요."

그때 도로시 앤이 태블릿을 두드리며 말했어요.

"내 조사에 따르면, 축구 경기를 전송하는 방송 통신 위성뿐만 아니라 모든 인공위성이 다 고장 났어."

"모든 인공위성이 다 잘못된 건 아니에요. 프리즐 네트워크에 속한 인공위성만 망가진 거죠."

프리즐 선생님 말에 완다가 물었어요.

"프리즐 네트워크에 어떤 인공위성들이 있는데요?"

"프리즐 인터넷, 프리즐 라디오, 프리즐 지피에스, 프리즐 기상, 프리즐 과학 연구, 프리즐 우주 망원경, 프리즐 고양이 동영상 인공위성 등이 있지요."

프리즐 선생님은 어깨를 으쓱하면서 죽 읊었어요.

"프리즐 네트워크가 모두 망가지다니……. 다 내 잘못이에요."

키샤는 울먹이며 고개를 떨어뜨렸어요.

7장
프리즐 인공위성 교체 대작전

키샤는 풀이 죽은 얼굴을 하고서 프리즐 선생님이 있는 쪽으로 둥둥 떠갔어요.

"프리즐 인공위성들을 고칠 방법이 있을까요?"

"안타깝지만 고치기 어려워 보이는구나. 전부 새 걸로 바꿔야 할 것 같아."

아이들은 프리즐 선생님 말에 실망해서 한숨을 푹 쉬었어요.

"내 조사에 따르면, 인공위성을 만드는 데는 여러 해가 걸리고 돈도 엄청나게 많이 들어. 어쩌지?"

도로시 앤이 태블릿 화면을 보여 주면서 말했어요.

"그건 걱정하지 말아요. 다행히도 내 사촌이 인공위성을 만드는 회사를 운영하고 있거든요."

프리즐 선생님이 싱긋 웃었지요.

"정말이에요? 그럴 리가!"

랠프가 소리치자, 아널드가 받아쳤어요.

"그럴 리 있지. 프리즐 선생님이라면 가능해."

프리즐 선생님이 계기판의 버튼을 누르자 갑자기 신기한 스쿨 로켓으로 택배 상자가 배달됐어요. 일곱 개의 커다란 상자가 아이들 앞에 하나씩 나타났지요.

"와, 이게 뭐예요?"

카를로스가 상자를 잡고 열었어요. 그러자 상자 안에 있던 금속 부품, 나사, 도구들이 둥둥 떠올랐어요.

"어, 이거 인공위성 부품 같은데요?"

"맞아요. 우리가 직접 조립해야 한답니다."

프리즐 선생님이 말했어요.

아이들은 서둘러 인공위성을 만들기 시작했어요. 다 조립하고 나서 아이들은 신기한 스쿨 로켓의 문 쪽으로 향했어요.

"좋아요, 여러분. 이제 우주로 나가 인공위성들을 프리즐 네트워크에 끼워 넣어 볼까요?"

프리즐 선생님이 스쿨 로켓의 문을 열며 외쳤어요.

"인공위성들을 제 궤도에 놓으라는 뜻이야."

완다가 어리둥절한 표정의 아이들에게 설명했어요.

"나는 스쿨 로켓에 남아서 인공위성들이 제대로 연

결되고 작동하는지 확인할게."

"완다, 좋은 생각이야. 애들아, 가자!"

키샤가 외쳤어요.

아이들은 각자가 만든 인공위성을 들고 우주 공간으로 나갔어요. 인공위성이 모두 궤도에 놓이자, 키샤는 유리창 너머 완다를 향해 엄지를 치켜들었지요.

"좋아, 애들아. 모두 자기 인공위성을 켜!"

완다가 신기한 스쿨 헤드셋을 통해 지시했어요.

키샤는 초조해하며 자기 앞에 놓인 인공위성을 바라보았어요. 전원 버튼을 눌러도 켜지지 않았거든요.

"후우우……. 괜찮아, 다시 해 보자."

키샤는 크게 심호흡을 한 뒤 다시 초록색 전원 버튼을 눌렀어요. 잠시 뒤 인공위성의 모든 불빛이 깜빡거

리기 시작했어요.

"완다, 새 인공위성들이 지구와 잘 교신하고 있어?"

키샤가 완다를 불렀어요.

"흠, 아직은 아니야."
완다는 컴퓨터 화면을 살피면서 답했어요.
"뭔가 문제가 있어."

"잠깐만!"

키샤가 뭔가 떠오르는 듯 말했어요.

"내가 프리즐 인공위성들과 충돌했을 때, 인공위성들은 모두 한 궤도에 있지 않았어. 내가 여기저기 다니면서 부딪혔잖아!"

"하, 우리 그새 키샤의 궤도 질주를 잊은 거야?"

랠프가 헛웃음을 지었어요.

"새 프리즐 인공위성들이 있어야 하는 제 궤도를 찾

아야 해."

"맞아. 근데 어떻게 찾지?"

키샤의 말에 팀이 잘 모르겠다는 듯 물었어요.

"인공위성의 궤도를 알려면, 우리가 직접 인공위성이 되어 보는 게 가장 좋은 방법이지 않겠어요?"

프리즐 선생님이 싱긋 웃으며 말했어요.

"맙소사, 오늘은 그냥 지구에 있어야 했는데……."

아널드가 투덜댔어요.

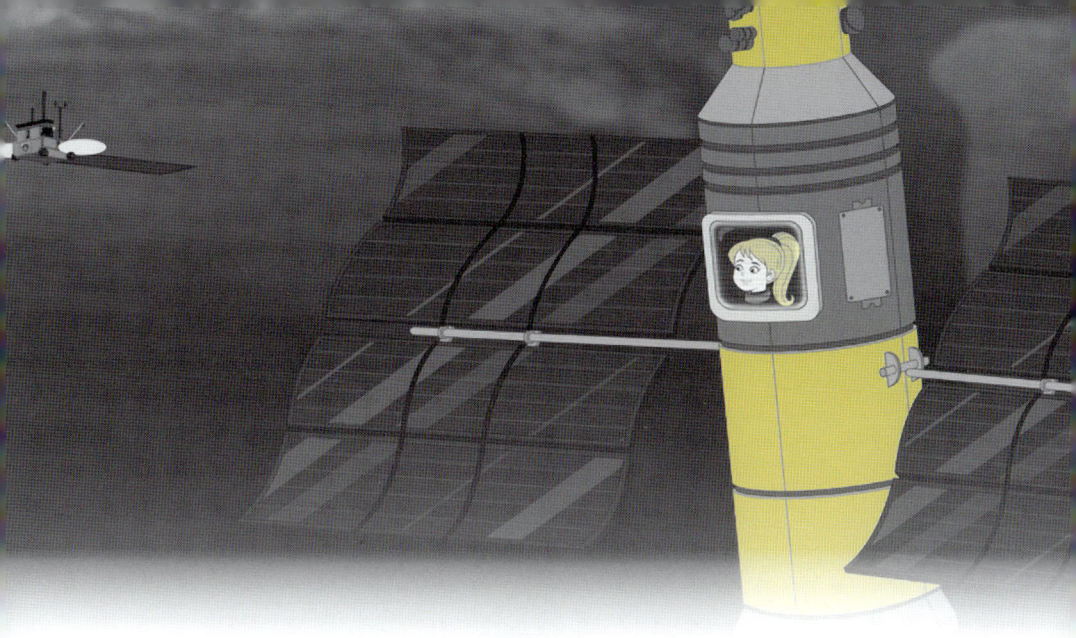

8장
인공위성의 궤도를 찾아라!

잠시 뒤 휘황찬란한 불빛이 나타나 아이들을 감쌌어요. 그러자 아이들은 조금 전 각자가 조립했던 인공위성으로 변신했지요.

"와, 내가 인공위성이 되다니!"

랠프가 외쳤어요.

"오늘 현장 학습 너무 마음에 들어!"

도로시 앤도 감탄했어요.

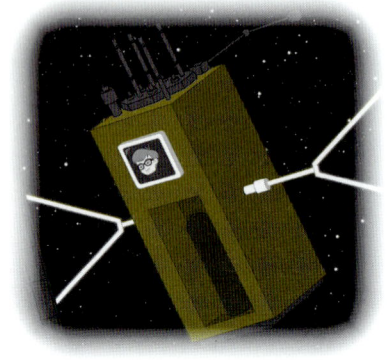

"그런데요, 프리즐 선생님. 우리가 제 궤도에 있는지 어떻게 알 수 있죠?"

아널드의 질문에 프리즐 선생님이 웃으며 답했어요.

"날 믿으렴, 아널드. 때가 되면 느낌이 올 거란다."

인공위성이 된 아이들은 우주 공간을 달렸어요.

"여기는 저궤도야. 우린 지금 지구에서 약 340킬로미터 상공에 있어."

팀이 말하자 도로시 앤이 맞장구쳤어요.

"그래, 맞아!"

바로 그때 팀의 인공위성이 깜빡거리기 시작했어요.

"팀, 너 신호가 잡혔어!"

도로시 앤이 말했어요.

"야호! 이거 무진장 신기해!"

인공위성 화면에 푸른 지구의 사진이 뜨자 팀은 무척 만족스러워했어요.

"내 카메라가 지구를 찍느라, 지구가 있는 쪽을 향했던 거였어!"

"놀라워!"

도로시 앤도 흥분을 감추지 못했지요.

"내 카메라는 우주의 다른 쪽을 향하고 있어. 나도 **천문 위성**인가 봐. 우주 곳곳의 사진을 찍어서 지구에 있는 과학자들에게 보내는 것 같아!"

도로시 앤이 말했어요.

그사이 조티, 아널드, 카를로스는 지구 상공 약 2만 킬로미터인 중궤도로 올라갔어요.

"신호 받는 사람 있니?"

조티가 물었어요.

바로 그때 아널드의 인

공위성이 지지직거리더니 화면에 선명하게 지도가 나타났어요.

"신난다! 난 **지피에스 위성**이야. 지구에 있는 사람들에게 위치를 알려 주지!"

"내 화면에도 지도가 떴어!"

카를로스가 소리쳤어요.

마지막으로 조티의 인공위성이 지지직거리더니 화면에 또렷하게 지도가 나타났어요.

"우아, 나도!"

조티가 외쳤지요.

"우리 셋은 중궤도에서 길을 찾아 주는 내비게이션 인공위성이야!"

"여러분의 인공위성 모두 무척 중요한 일을 하고 있군요."

프리즐 선생님이 신기한 스쿨 로켓에서 컴퓨터 화면으로 아이들을 지켜보며 말했어요.

"와, 랠프! 너 지금 지구에서 약 3만 6천 킬로미터 떨어져 있는 **정지 궤도**에 있어. 어떻게 올라간 거야?"

완다가 컴퓨터 화면을 보다가 놀라서 물었어요.

"랠프, 네 인공위성은 지구가 자전하는 속도와 똑같은 속도로 돌고 있어!"

"난 라디오 방송 신호를 받는 방송 통신 위성이야!"

랠프가 환호했어요. 랠프의 인공위성에서 랠프가 가장 좋아하는 음악이 막 흘러나오기 시작했지요.

"모든 인공위성이 제 궤도를 찾은 것 같아. 강한 신호로 지구와 연결되었어."

완다가 후유 하며 안심했어요.

"아주 잘했어요!"

프리즐 선생님이 완다의 뒤에서 컴퓨터 화면을 같이 바라보며 말했어요.

"그럼 이제 다 연결된 건가요?"

"거의요."

완다는 계속 화면을 살펴보았어요.

"축구 경기 영상만 빼면, 지구에서 오는 신호를 제대로 받고 있어요. 그 신호를 받는 게 키샤의 인공위성인 것이 틀림없어요! 키샤, 거기 있어?"

"응! 혹시 나만 아무 신호를 못 받고 있는 거야?"

"아무래도 그런 것 같아."

완다가 대답했어요.

"이런, 또 내가 문제인가 봐."

키샤가 중얼거렸어요.

9장
우정이 만든 두 번의 기적

 키샤는 저궤도에서 중궤도를 거쳐, 정지 궤도까지 올라갔다가 다시 돌아왔어요. 하지만 인공위성 화면에 어떤 신호도 잡히지 않았어요.
 "여전히 아무 신호도 못 받고 있어."
 키샤는 점점 기운이 빠지고 있었어요.
 "좀 더 높이 올라가 봐!"
 완다가 격려해 주었어요.

"알았어."

키샤는 대답하고 나서 지구에서 더 멀리 떨어진 궤도로 향했어요. 그러자 갑자기 키샤의 인공위성 화면에서 소리가  나더니, 사람들의 환호성 같은 소리가 들렸어요.

"어어, 뭔가 신호를 받고 있는 것 같아!"

키샤의 말이 끝나자마자, 스쿨 로켓에 있던 완다의 태블릿에 골대를 지키고 있는 골키퍼의 영상이 떴어요.

"축구 방송이 나와! 키샤, 네가 해냈어!"
완다가 기뻐하며 키샤를 축하해 주었어요.
"최고야! 내가 전 세계와 연결되어 있는 것 같아!"
"히히, 실제로 그래."
키샤의 말에 완다가 대꾸했어요.

완다는 키샤의 인공위성이 지구의 여러 기지국에서 통신 신호를 받았다가, 또 다른 기지국으로 그 신호를 보내는 장면을 컴퓨터 화면에 띄웠어요.
"세계 통신 위성망 전체가 협력하면서 서로 신호를

주고받고 있어. 물론 너도 포함해서 말이야!"

"꼭 우리가 거대한 우주 운동장에서 패스를 주고받는 축구 선수가 된 것 같아."

키샤가 낄낄거렸어요.

"바로 그거예요!"

프리즐 선생님이 말했어요.

"임무 완수! 프리즐 네트워크가 완전히 복구되었어요. 자, 여러분도 그만 돌아올 시간이에요!"

잠시 후 아이들이 하나둘 신기한 스쿨 로켓으로 돌아왔어요. 스쿨 로켓이 띄운 커다란 화면에서는 축구 경기가 방송되고 있었어요.

"이야, 정말 멋진 패스야!"

경기를 보던 조티가 흥분해서 외쳤어요.

"이제 다시 모두가 축구 경기를 볼 수 있을 거예요. 모두 여러분 덕분이지요!"

프리즐 선생님이 뿌듯한 표정을 지었어요.

그때 키샤가 큼큼 목을 가다듬었어요.

"저기, 있잖아……. 얘들아, 미안해. 우린 한 팀인데 내가 제멋대로 굴었어. 인공위성이 되어 보니까 협력이 뭔지 알겠더라. 너희랑 하나로 연결되어 힘을 모으니까 정말 좋았어."

"괜찮아. 참, 이제 캠프 지원서를 완성할 때가 된 것 같아. 여기가 좋겠다. 사진 찍을 준비는 됐니?"

조티가 물었어요.

"아, 맞다! 자리 비켜 줄게."

랠프가 둥둥 떠서 옆으로 자리를 옮겼어요.

"어, 아니야!"

키샤가 랠프의 팔을 잡았어요. 그리고 조티도 가까이 끌어당겼어요.

"너희랑 다 같이 찍고 싶어. 우리는 한 팀이니까!"

"고마워, 키샤!"

랠프가 환하게 웃었어요.

그때, 갑자기 문이 열리며 뜻밖의 손님이 신기한 스쿨 로켓으로 들어왔어요. 깜짝 놀란 키샤는 입이 딱 벌어졌지요.

"캐시 카이퍼야!"

키샤는 침을 꼴깍 삼켰어요.

"내가 가장 좋아하는 우주 비행사야! 꿈은 아니지?"

캐시는 아이들에게 다정하게 인사했어요.

"안녕! 마침 근처에 있다가 오랜 친구인 피오나를 만나려고 들렀어요."

"잘 왔어, 캐시!"

프리즐 선생님이 따듯하게 반겼어요.

"혹시 우리가 뭐 도울 일이 있니?"

"그게, 사실 우리가 지금 우주 비행사 캠프 지원을 받고 있거든. 혹시 추천해 줄 만한 사람이 있을까? 협동심이 강하면 좋겠어. 우린 팀으로 움직이니까."

그러자 모두가 키샤를 쳐다보았어요.

"그거라면 우리 반에 딱 맞는 학생이 있지. 그런데 우리 단체 사진 찍으려던 참이었는데 같이 찍을래?"

프리즐 선생님이 카메라를 들고 말했어요.

"자, 모두 다 같이!"

아이들은 한목소리로 외치며 다 함께 아주 멋진 사진을 찍었어요.

"우주 비행사 치이이즈으으!"

프리즐 선생님 반 홈페이지 ✕

http://FrizzleClass/Focuskeyword

신기한 과학 개념 사전

현장 학습의 핵심 용어부터 과학 교과서 속 지식까지!
한눈에 쏙쏙 들어오는 설명으로 과학 개념을 잡아요.

우주 비행사

우주 비행사는 우주를 비행하는 사람이에요. 우주 비행 물체인 **우주선**을 조종하거나, 우주에서 여러 실험을 하는 등 각각 임무를 띠고 우주로 향하지요. 우주 비행사들은 지구와 다른 환경인 우주에서 몸을 보호하기 위해 특수 제작한 **우주복**을 꼭 입어야 해요.

행성

지구처럼 태양 주위를 도는 둥근 천체들을 **행성**이라고 해요. 수성, 금성, 지구, 화성, 목성, 토성, 천왕성, 해왕성, 이렇게 8개의 행성이 있지요. 이처럼 태양과 태양의 영향을 받는 천체들, 그리고 그것들이 차지하는 공간을 **태양계**라고 불러요.

우주 쓰레기

우주 쓰레기란 낡은 인공위성과 로켓에서 떨어져 나온 파편들이 쓰레기처럼 지구 주위에 떠 있는 것을 말해요. 현재 크기가 1센티미터보다 작은 우주 쓰레기는 약 1억 3000만 개나 돼요. 인공위성과 로켓이 많아지면서 우주 쓰레기는 계속 늘고 있지요.

인공위성

인공위성은 인간이 만들어 우주로 쏘아 올린 물체예요. 행성의 둘레를 돌며 임무를 수행하지요. 인공위성은 용도에 따라 나뉘어요. **방송 통신 위성**은 지구상에서 멀리 떨어져 있는 두 지점을 전파로 중계해 텔레비전, 라디오, 전화 등을 위한 신호를 보내는 인공위성이에요. 이 외에도 우주와 천체를 관측하는 **천문 위성**, 눈, 비 등 지구의 날씨를 관측하는 **기상 위성**, 지구에서의 정확한 위치를 알려 주는 **지피에스 위성** 등이 있어요. 요즘에는 하나의 인공위성이 여러 가지 역할을 하기도 해요.

궤도

어떤 물체가 다른 물체 주변을 돌 때, 그 길을 **궤도**라고 불러요. 지구를 도는 인공위성도 궤도가 있답니다. 인공위성의 궤도는 높이에 따라 구분할 수 있어요. 일반적으로 지구 표면으로부터 250킬로미터에서 2000킬로미터 사이를 **저궤도**, 2000킬로미터에서 3만 6000킬로미터 사이를 **중궤도**, 3만 6000킬로미터를 **정지 궤도**라고 하지요.

정지 궤도는 지구에서 보면 그 궤도의 인공위성이 멈춰 있는 것처럼 보여서 붙여진 이름이야!

중력

물체 사이에는 서로를 끌어당기는 힘이 있어요. 지구도 물체를 끌어당기는데 이를 **중력**이라고 해요. 손에 들고 있던 공을 놓으면 아래로 떨어지고, 나무에 매달려 있던 사과가 땅으로 떨어지는 것은 모두 중력 때문이에요.

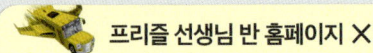

http://FrizzleClass/Bestfriends

호기심 해결! 질문 톡톡

더 알고 싶은 과학, 프리즐 선생님에게 물어보세요!
웃음이 빵빵 터지는 수다 속에 과학 지식이 담겨 있어요.

Q 프리즐 선생님, 59쪽에 나온 국제 우주 정거장이 뭐예요? 우주에도 정거장이 있어요? 22분전

 작성자 랠프

 답변자 프리즐 선생님

국제 우주 정거장은 미국, 러시아, 독일 등 16개 국가가 함께 만든 거대한 유인 인공위성이란다. 우주 비행사들이 머무를 수 있는 우주 기지라고 생각하면 쉬워. 우주 비행사들은 이곳에서 머물면서 지구와 달을 관측하고, 다양한 과학 실험을 해. 우주선에 연료를 넣거나 고장 난 우주선을 고칠 수도 있어.

 답변자 도로시 앤

내 조사에 따르면, 국제 우주 정거장은 지금까지 인간이 우주에 지은 건축물 중에 가장 커. 월드컵 축구 경기장과 비슷한 크기라고 해.

 답변자 프리즐 선생님

국제 우주 정거장은 1초당 약 7.6킬로미터의 빠른 속도로 궤도를 돌고 있어. 약 90분마다 한 바퀴씩, 그렇게 하루에 지구를 16바퀴나 돌아. 국제 우주 정거장에 사는 우주 비행사들은 하루에 해가 뜨고 지는 것을 16번이나 보는 거야!

Q **우주 비행사가 되기 위한 조건이 있을까요? 미리 준비하려고요!** 17분전

 작성자 키샤

↳ 답변자 프리즐 선생님

우주 비행사는 각각 임무를 띠고 우주로 간단다. 우주선을 조종하고 시스템을 관리하는 사람, 우주를 떠다니며 로봇 팔을 조작하는 사람, 우주에서 달과 행성을 연구하는 사람 등이 있지. 그러니 그 임무를 수행하기 위한 지식과 기술, 전문 경험 등을 두루 갖추어야 해.

↳  답변자 카를로스

책에서 봤는데, 우주 비행사 후보로 뽑힌 다음에는 특수 훈련도 받아야 한대!

↳ 답변자 프리즐 선생님

우주는 컴컴한 데다가 대기도 거의 없고, 중력도 지구와는 달라서 사람이 살기 좋은 환경이 아니란다. 그래서 우주 비행사가 되려면 우주에서 적응하고 생존하기 위한 훈련이 필요해. 이론 공부 외에도 무중력 환경 훈련, 로봇 팔 이용 훈련, 비상 탈출 훈련, 구토와 두통, 불안감에 대한 훈련 등을 받지.

↳ 답변자 조티

우리 반은 우주에 대한 지식과 경험은 물론이고, 순발력과 협동심까지 갖추었잖아! 한 팀으로 우주 비행사 캠프에 지원하는 건 어때?

↳  답변자 아널드

으으, 조티. 그런 끔찍한 농담은 하지 마!

101

전 세계 1억, 국내 1천만의 신화, 어린이 과학책의 베스트셀러

신기한 스쿨버스 시리즈

5세 이상 — **신기한 스쿨버스 키즈** (전 30권)
조애너 콜 글 · 브루스 디건 그림 | 이강환, 이현주 옮김
우리 아이의 첫 과학 그림책. 아이가 좋아하는 내용으로 **과학 호기심이 쑥쑥**.

6세 이상 — 과학탐험대 **신기한 스쿨버스** (전 13권)
조애너 콜 외 글 · 브루스 디건 외 그림 | 이한음, 이강환, 김현명 옮김
혼자 읽기 좋은 과학 동화. 읽기 적당한 분량으로 **과학과 책 읽기에 자신감이 쑥쑥**.

8세 이상 — **신기한 스쿨버스** (전 13권)
조애너 콜 글 · 브루스 디건 그림 | 이강환, 이연수, 이한음 옮김
전 세계에서 사랑받는 과학책의 베스트셀러. 더 많은 정보로 **과학 이해력이 쑥쑥**.

9세 이상 — **신기한 스쿨버스 어드밴처** (전 5권 예정) **NEW**
앤마리 앤더슨 외 글 · 아트풀 두들러스 그림 | 이한음 옮김
읽기 능력이 자라나는 과학 스토리북. 흥미진진한 모험으로 **과학 문해력이 쑥쑥**.